JN060536

パラアスリートたちの挑戦 5

信じる気持ちが世界を変えていく

越智貴雄・写真／文

童心社

信じる気持ちが世界を変えていく

目次

まえがき……3

ニロファ・バヤット……4
車いすバスケットボール

重本沙絵……10
陸上競技

上山友裕……16
アーチェリー

土田和歌子……22
トライアスロン

木村敬一……28
水泳

鈴木 徹……34
陸上競技

廣瀬隆喜……40
ボッチャ

あとがき……46

まえがき

パラリンピック —— そのとらえ方は今、大きく変化しています。日本もふくめ、世界的に報道陣の数がふえ、伝える内容も変わってきました。昔はリハビリの延長や、障がいがあってもがんばっている人など福祉の観点から伝えられることが多くありましたが、現在は、スポーツとしてのおもしろさや選手個人の魅力など、さまざまな角度から伝えられるようになってきました。

なぜこのような変化が起こったのでしょうか。私は、選手たちの競技パフォーマンスが観た人を魅了したことで、伝え手の視点が変わり、報道をとおして社会が変わっていったのだと思っています。

そして、これらの報道によって知られるようになったパラリンピック選手たちが、あこがれの存在 ——“ヒーロー”としてとらえられるようになり、実際に、あこがれの選手を目標にする子どもたちや若手アスリートもふえています。

2020年パラリンピック東京大会で、選手のパフォーマンスがどのようなポジティブな影響を日本の社会に、そして世界に与えるでしょうか。期待と希望がふくらみます。

車いすバスケのニロファ選手は、アフガニスタンチームの聡明で誇り高いキャプテンです。陸上競技の重本選手は、言葉のキャッチボールがうまく、表情もゆたかで、いっしょにいると楽しくなります。アーチェリーの上山選手は、関西出身ならではの話術で笑わせてくれます。トライアスロンの土田選手は、コーチと常に二人三脚で練習づけの毎日を送る、笑顔が優しいママさん選手です。水泳の木村選手は、物静かななかに負けずぎらいの闘魂を持つ選手です。陸上競技の鈴木選手は、フォームや跳び方を試行錯誤しながら記録を伸ばし続けている、静かな侍のような選手です。ボッチャの廣瀬選手の魅力といえば、会心のショットを投げたときの雄たけびでしょう。その声で日本チームも会場も盛り上げてくれます。

注目の選手を、ストーリーを交えながら、ご紹介していきたいと思います。

越智貴雄

IWBF

パラリンピックのような国際大会では、多様な国旗が並ぶように、人種や宗教、肌の色、言語のちがう国々のアスリートが世界中から集まります。

日本では見慣れない白いヒジャブ（イスラム教徒の女性が人前で髪をかくすために使う布）を着用し、バスケットボールコートを駆けまわるのは、アフガニスタンの車いす女子バスケの代表選手たち。チームキャプテンのニロファ・バヤットは、「車いすバスケは私の人生にはかけがえのないものです。移動が不自由だった私に自信を持たせてくれたのは、このスポーツとの出会いがあったからです」と目を輝かせていいます。

ニロファが生まれたのは1993年のこと。同国では内戦が勃発してきた時期で、2歳のときに首都カブールの自宅の庭にロケット弾が落とされました。「兄は亡くなり、父親も銃でうたれ、家族がはなればなれになってしまいました」

一命をとりとめたニロファも脊髄を損傷し、両足がまひして歩けなくなる「対まひ」をわずらいました。ニロファの障がいは、病気や事故によるものではなく、政治的な争いがもたらしたものだったのです。

[車いすバスケットボール]

ニロファ・バヤット選手

移動が不自由だった私に自信を持たせてくれたのはこのスポーツとの出会いがあったから。

Nilofar Bayat

1993年アフガニスタンのカブール出身。
主な成績（2019年12月現在）

2012年　アフガニスタンで女子チームのトーナメント開催。メンバーとして出場。
2016年　女子のナショナルチームが結成。メンバーとなる。
2017年　ナショナルチームのキャプテンとなる。チームはインドネシアで開催されたバリカップに出場し、初の国際大会出場を果たす。その後、IWBFアジアオセアニアチャンピオンシップス大会に出場。
2018年　アジアパラ競技大会（ジャカルタ）出場。5位。
2019年　アジアオセアニアチャンピオンシップス（パタヤ）出場。

父は、女性であること・障がいがあること・年齢は気にする必要はないといった。

試合前のセレモニーで左胸に手を当てて心を落ち着かせるチームメイトたち。ゲームが始まると、興奮するメンバーに「落ち着いて」とニロファは常に声をかける。安定したパス回しでチャンスを探るチームリーダーだ。

くり返し手術を受けたニロファは、10歳でようやく回復のきざしが見えました。今でこそリーダー役のニロファですが、「車いすの生活に恥じらいを感じて、家の中で引きこもり、目立たないように暮らしていました」と幼少期を振り返ります。

転機が訪れたのは19歳のときでした。通っていた赤十字国際委員会（ICRC）のリハビリセンターで、男子の車いすバスケのトーナメントを見たことでした。両手で機敏にタイヤを回しながら、ボールを運んでドリブルする選手たち。その姿に魅了されたニロファは女子チーム結成の話が浮上すると、「難しそうだけどやってみたい」と手をあげました。

女子チーム設立からコーチをつとめた米国人のジェス・マークトは、当時のニロファについて「好奇心旺盛で何にでも質問してくる選手でした。バスケットボールの技術だけでなく、世界の情勢や米国人の暮らしぶりまで関心の幅が広い女性でした」と振り返ります。

アフガニスタンでは、女性がスポーツを始めるのにはさまざまなハードルがあります。その一つが男

女の壁です。女子バスケの練習は、外から見えないように壁が取りつけられたコート内で行われていました。同国では日本とはちがい、女性が一人暮らしをすることはおろか、一人で歩くことすら禁じられています。

「ほとんどの家庭では女性は教育も受けられず、仕事も限られ、出産のとき以外は病院にも行かせてもらえません。女性は家事だけしていればいい存在なのです」

　そんな空気が広がるアフガニスタンで、ニロファが選手への一歩をふみ出せたのは、唯一の理解者である父親の存在があったからでした。常に「“自分が信じた”道を進みなさい」と後押ししてくれたといいます。

「父は女性であることや障がいがあること、年齢は気にする必要はないといい、一人の人間としてやるべきことをやりなさいと応援してくれます。私にとってはヒーローのような存在です」とニロファは笑みを浮かべます。

「強いチームと戦うことで、強くなる方法がわかってきます」と語るニロファ。2018年のアジアパラ競技大会の5位決定戦では、カンボジアと対戦し見事に勝利。試合後に笑顔でチームメイトとハイタッチした。

アフガニスタンの女性は、強く聡明で美しい。紛争とは別の顔を世界に見せたい。

2013年、同国で初めて車いす女子バスケの大会が開催され、ニロファは選手デビューを果たしました。彼女の提案で、会場を囲っていた壁は取り外されました。17年には、同国は初めて国際大会でプレーし、ニロファはその歴史的なチームのキャプテンをつとめました。

「バスケットボールは、障がい者だった私を、ひとりの女性であり、ひとりのアスリートという存在にしてくれました」とニロファはいいます。さらに、国際大会の意味をこう語ります。

「アフガニスタンには、強くて聡明で美しい女性たちがたくさんいます。紛争のイメージとは別の顔をもっと世界に見せていきたいです」

2019年12月にタイで開かれた「アジアオセアニア大会」では、東京2020大会への出場権を得られませんでした。しかし、ニロファは常に前を向き、「さらに強くなってまた挑戦します」と意気ごみを語りました。

同国の政情は、いぜんとして不安定な状況です。「私に限らず、アフガニスタンの人びとは常に内戦の危機にあり、いつまで生きられるか、明日があるかどうかもわかりません」とニロファは胸の内を明かします。2019年には、アフガニスタンで活動していた日本人医師の中村哲氏と同行者のアフガニスタン人が銃殺される悲劇がありました。ニロファはこう話します。

「日本や世界の人びとととともに、平和について考えたい。そして平和が来る日を願ってやみません。日本にも、世界中にも、平和が訪れるように互いに手を取り協力していきましょう。アフガニスタン人、日本人である前に、みんな同じ人なのですから」

スポーツによって、世界とつながり、自信と誇りを持って生きられる。ニロファが歩む「自分が信じた道」の先には、平和の光が見えているのでしょう。

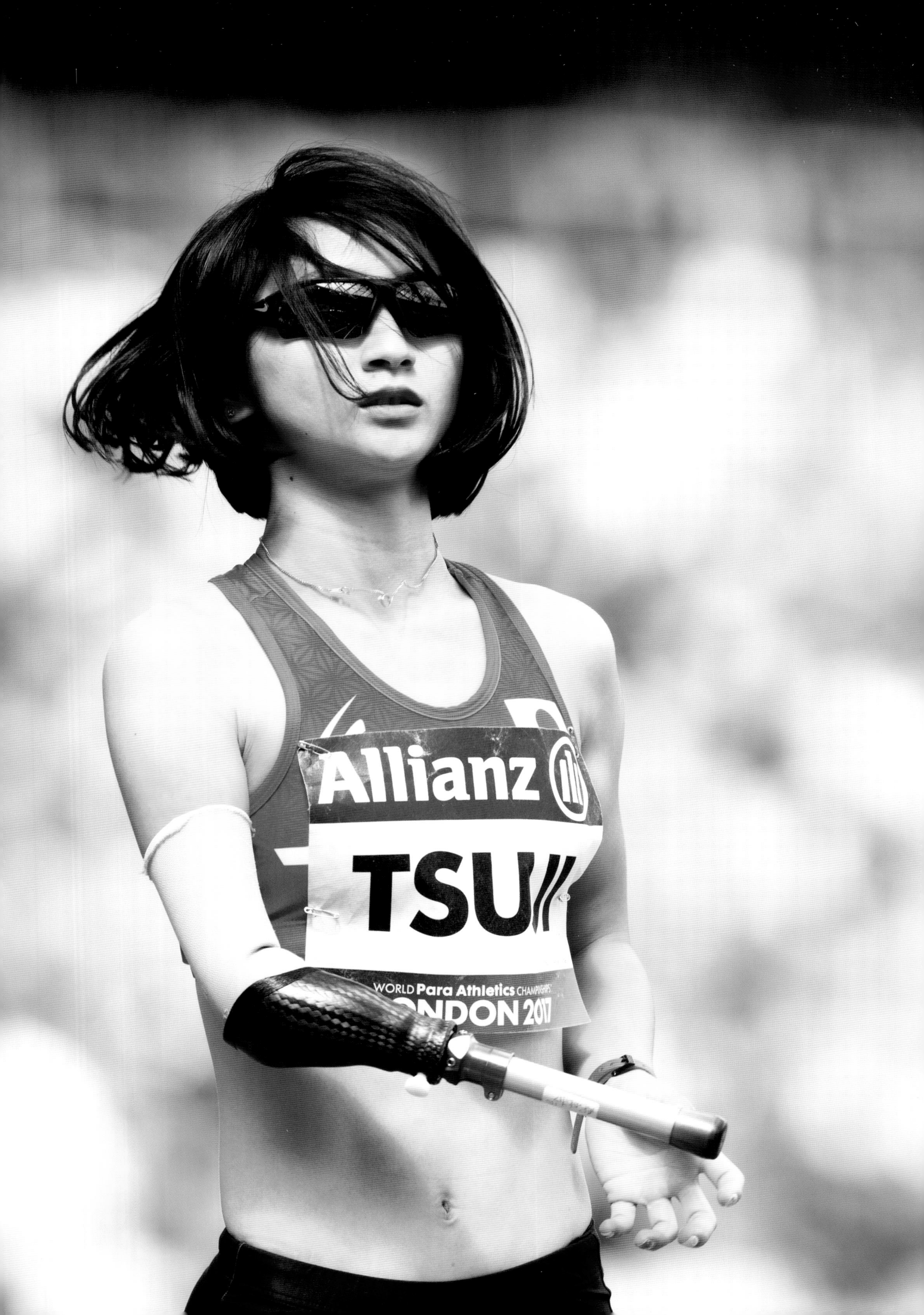

Allianz
TSU
WORLD Para Athletics

重本（旧姓・辻）沙絵選手が、彗星のごとく日本のパラ陸上界に登場したのは、2015年のことでした。その年の春から陸上を始めた重本選手は、デビュー戦となった5月の大分パラ陸上で100m、200mともに、いきなり日本新記録を樹立したのです。その2か月後の7月、関東身体障がい者陸上競技選手権大会では、100mでさらに自身の持つ日本記録を更新しました。

じつは、重本選手はもともとはハンドボール選手として活躍し、高校時代にはインターハイでベスト8に進出した経歴の持ち主。スポーツ推薦で入った日本体育大学でもハンドボール部に所属し、関東の一部リーグでプレーしていました。

そんな高い身体能力を持つ重本選手に、東京パラリンピックに向けて選手発掘プロジェクトを立ち上げた日体大が白羽の矢を立てたのです。ハンドボールでは中学、高校と3度も膝の手術をし、大学進学後もケガをくり返していたこともあり、悩んだ末に、重本選手はパラ陸上の世界へ飛びこむことを決心しました。2015年3月、重本選手が大学3年生になろうとしていたときのことでした。

［陸上競技］

重本沙絵選手

しげもと さえ

障がいがあると思ったことはなかった。パラリンピック競技に転向をすすめられ、怒りと悲しみがあふれた。

Sae Shigemoto

1994年北海道函館市出身。
100m、200m、400mの日本記録を持つ。
主な成績（2019年12月現在）

2015年　世界パラ陸上競技選手権大会（カタール）　女子100m 6位
2016年　リオデジャネイロパラリンピック
　女子400m 銅メダル　女子100m 7位　女子200m 7位
2017年　世界パラ陸上競技選手権大会（イギリス）
　女子400m 銅メダル　女子200m 6位　女子100m 7位
2019年　世界パラ陸上競技選手権大会（UAE）　女子400m 7位

陸上の奥深さと魅力を感じ始めていたが、小学5年生から続けているハンドボールはやめられなかった。

重本選手は、右腕の肘から下が欠損した状態で生まれました。しかし、家族をはじめ周囲から「障がい者」としてのあつかいを受けたことはありませんでした。重本選手自身も一度も「自分には障がいがある」と思ったことはありませんでした。

だからハンドボールからパラリンピック競技に転向をすすめられたとき、重本選手は怒りと悲しみとでいっぱいになりました。

「これまでハンドボールの世界でほかの選手と何ら変わらないプレーでがんばってきた私が、なぜ障がい者の大会に出る必要があるのかわからない！」

たくさんの涙を流し、悩み続けました。そうしていくうちに「パラリンピックに出場して世界を知るということは、もしかしたら将来に役立つかもしれない」と思えるようになってきたといいます。

そこで大学で行われた身体能力テストを受けてみました。その結果、瞬発力の高さを活かした陸上の短距離走をすすめられました。当時、走ることはあまり好きではありませんでしたが、取り組んでみると、陸上の奥深さを知り、少しずつ魅力を感じ始

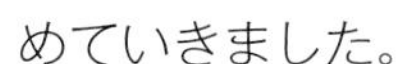

ロンドンで開催された2017年世界選手権。前年のリオパラリンピックに続いて、400ｍで銅メダルを獲得し、観客で埋めつくされたスタジアムを笑顔でウイニングラン。優しい笑顔と周囲への配慮を忘れないところも重本選手の魅力だ。

めていきました。

とはいえ、すぐにハンドボール部をやめるという決断はできませんでした。そのため、半年間はハンドボール部と陸上部をかけ持ちしていたのです。夜、学生寮にもどるころには、体力はほとんど残っていませんでした。

「体力的にも精神的にも限界でした。でも、小学5年生から続けてきたハンドボールからはなれる決断はできませんでした」

二足のわらじ生活に終止符を打ったのは、その年の秋のことでした。10月にカタール・ドーハで行われたパラ陸上世界選手権に初めて出場した重本選手は、世界のレベルの高さを目の当たりにしたと同時に、金メダルに輝いた同じ日本人選手の姿を見ながら、「いつかは自分も」という思いを抱きました。そのためには陸上に専念しなければいけないと感じたのです。ドーハの地で陸上にすべての力を注いでいくことを決心した重本選手は、帰国後、ハンドボール部に退部届を出しました。

どうすれば、陸上で世界一になれるのか……
400ｍの方が可能性があるのかもしれない。

その世界選手権で、重本選手が決意したことがもう一つありました。100ｍ、200ｍから400ｍへの種目転向でした。同大会で、重本選手は100ｍでは６位という結果でした。日本ではすぐに手にすることができたトップの座は、世界では予想以上に遠かったのです。

「どうすれば、この陸上界で世界一になれるのだろうか……」

世界の頂点に到達する道を模索しながらレースを見ていた重本選手が注目したのは、同じクラスの400ｍでした。トップの選手がずばぬけて速く、２位以下はだんご状態だったのです。世界ランキングを確認すると、１分を切っていたのは世界でわずか２人で、３位以下は遠くおよばない状態でした。

「もしかしたら、400ｍの方が可能性があるのかもしれない」

そう思ったのには、ライバルが少ないということだけではなく、もう一つ理由がありました。じつは、中学時代、陸上大会にかり出されたことがあ

ふだんはカメラを向けると、笑顔で応えてくれる明るい性格の重本選手。一転、練習や競技中は真剣な表情をくずさない。高い集中力で自分の世界に入りこむ。常に高みを目指し、挑戦することをやめないアスリートの姿に魅了される人は少なくない。

り、出場したのは800mという中距離だったのです。どちらかというと、短距離よりも中距離の方に自信を持っていた自分を思い出し、「本格的に練習に取り組めば、必ず1分は切れる。そこからは努力次第で上にいけるはず」と、重本選手は考えたのです。

そのときの決断は、重本選手に大きな結果をもたらしました。翌2016年、リオデジャネイロパラリンピックで、重本選手は400mで銅メダルを獲得したのです。

今は強力なライバルが次々と出現し、東京パラリンピックで表彰台に上がることは、以前にもまして難しい状況になっています。しかし、重本選手はハンドボール部時代から常に高みを目指し、いくつものハードルを乗り越えてきました。そして、レベルが高ければ高いほど、やりがいを感じ、負けん気の強さを発揮してきました。そんな重本選手は、東京パラリンピックでは最高のパフォーマンスで、新国立競技場のトラックをかけぬけるつもりです。

上山友裕選手は、小、中学生のときはラグビーに熱中していました。しかし、たび重なるケガもあって、高校入学後は特にスポーツをしていませんでした。もともと体を動かすことが好きで、何かをしたいと思いながらも、何も目標が見つからず、少し「ふてくされていた」といいます。

「高校3年間、ゲームばかりしていました。でも、心のなかでは常に『このままでは自分がダメになる。何かしなければ』とあせってはいたんです」

きっかけはひょんなことでした。高校卒業を間近にひかえたある日、友人が「アーチェリーをいっしょにやってみない？」と誘(さそ)ってきたのです。「いいよ」。何の気なしにそう答え、軽い気持ちで春から通うことになっていた大学のアーチェリー部の体験会に行きました。すると、意外にもハマってしまったのです。

「3、4mはなれた風船を割るというものだったのですが、一発目で矢が風船にきれいに刺さったんです。パーンと割れた瞬間(しゅんかん)、ボウリングでストライクをとったみたいにすごくうれしくなっちゃって。しかも先輩(せんぱい)たちが『絶対にセンスあるよ』なんていうものだから、それにつられて入部届に名前を書いていました（笑）」

[アーチェリー]

上山友裕選手

うえやま ともひろ

一発目の矢が、きれいに刺(さ)さり ボウリングでストライクをとったみたいで 意外にもハマった。

Tomohiro Ueyama

1987年大阪府東大阪市出身。
主な成績（2019年12月現在）

2015年　パラアーチェリーワールドイベント（アメリカ）
　リカーブ 1位
2016年　リオデジャネイロパラリンピック　リカーブ 7位
2017年　第45回日本身体障害者アーチェリー選手権大会
　リカーブ 1位
2018年　日本身体障害者アーチェリー連盟杯　リカーブ 1位
2019年　ワールドランキングトーナメント（ドバイ）
　リカーブ男子 1位
　パラアーチェリー世界選手権大会（オランダ）
　リカーブ男子 6位

大学入学後、正式にアーチェリー部に入部した上山選手は、どんどんその魅力にはまっていきました。とはいえ、当時は大学卒業後も続けるつもりはありませんでした。しかし、入社した企業には何人かアーチェリー経験者がいて、上山選手も誘われて社内の同好会に入ることになったのです。

しかしそのころ、上山選手には気になっていることがありました。いつのころからか、足に異変を感じ始めていたのです。じょじょに症状は悪化し、社会人1年目が終わるころには、足が上がらなくなり、走り辛さを感じていました。2年目の春には歩くことにも支障をきたすようになりましたが、上山選手はかたくなに病院で診察を受けることをこばみ続けました。

「自分を障がい者だと認めたくなかったんです」

しかし、練習に通っていたアーチェリー場の関係者から「パラリンピックを目指してみないか」という誘いを何度も受け、上山選手は決意して病院で診察を受け「障がい者手帳」を取得したのです。それが、2011年のことでした。

負けたらすべて自分の責任。競技者としての意識が高くなった。

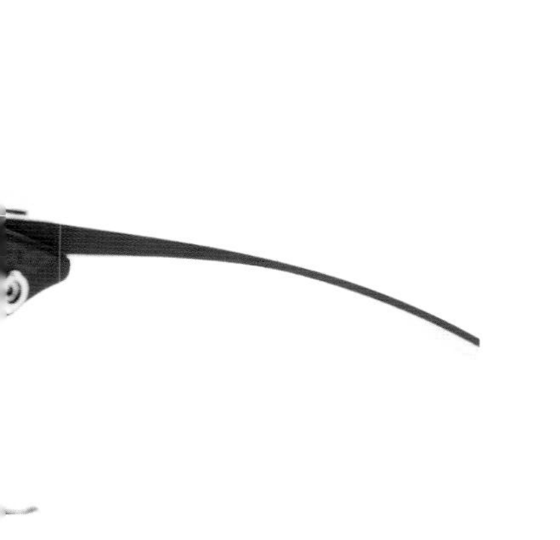

70mはなれた的をねらう。的の大きさは122cmで、真ん中10点の直径は12.2cm。大会では72射した合計得点で決勝の組み合わせが決まる。

当時からパラリンピック出場を目指していた上山選手ですが、それはまだばく然とした目標でしかありませんでした。転機となったのは、2013年世界選手権。初めてのぞむ“世界一決定戦”でしたが、当時すでに日本国内ではトップ選手となっていた上山選手には、自信が少しありました。ところが、結果は1回戦敗退。しかもストレート負けという屈辱を味わったのです。

しかし、落胆するだけでは終わりませんでした。帰国後、一念発起し、練習時間をふやすために転職活動を始めたのです。転職後は、恵まれた環境で競技ができるようになりました。すると上山選手の気持ちにも変化が生まれました。

「以前は負けても環境のせいにできました。でも、今はそんないいわけは通じません。負けたらすべて自分の責任。そういう意味では、競技者としての意識が高くなったと感じています」

5年間、積み重ねてきた努力の結果、上山選手は2016年リオデジャネイロパラリンピックに出場しました。初出場にもかかわらず、落ち着いて競技にのぞめたという上山選手は、予選を4位で通過します。上山選手自身もメダルへの可能性を強く感じていました。

ところが、決勝トーナメントに入ったとたん、会場の空気が一変しました。

「決勝トーナメントになったとたんに、スタンドが観客で埋まったんです。そうしたら、トップ選手たちのパフォーマンスに歓声があがるようになったりして……。そんなことは世界選手権でもなかったので、少し怖さを感じてしまいました」

それでも大会に入ってから感じていた調子の良さは続き、1回戦をストレート勝ちします。さらに2回戦も競り勝ち、準々決勝進出を果たしました。

その準々決勝の相手は、奇しくも上山選手が初めて“世界”を感じた2013年世界選手権の初戦で敗れた相手でした。3セット目を終えた時点で1－5。次のセットで相手が勝てば、その時点で終了となる瀬

メダリストと入賞者とのちがいを痛感。「絶対に自分がメダリストになる」。

リオパラリンピックで予選を４位で通過した際には、日本人メダリスト第一号として期待されたが、結果は７位。帰国したとき、メダリストとの注目度のちがいを実感。空港での光景は今も鮮明に覚えている。東京パラではその雪辱を果たす。

戸際の４セット目、なんと相手は「10点満点」という最高点を獲得したのです。矢が突き刺さったのは、モニターで確認してもどちらともとれないほど微妙な位置でしたが、時間を要して判定が下された結果、「10点満点」が認められたのです。

その後、相手は勝ち進み、金メダルを獲得。一方の上山選手は、７位入賞に終わりました。

帰国した日、上山選手たちには一般の人たちからのそっけない視線が注がれるだけでした。一方、別のロビーでは陸上競技のメダリストたちが大勢の報道陣に囲まれていることを聞いたそうです。メダリストと入賞者とのちがいをまざまざと突きつけられた上山選手は、そのとき、こう心にちかいました。

「４年後は、絶対に自分がメダリストになる」

アーチェリーという競技を広めるためにも、上山選手は東京パラリンピックで金メダルを獲得すると決めています。

OPEN
YOKOHAMA
NTT
104
YACHIYO
Honda Sun

泳ぐ、こぐ、走る。

スイム、バイク（自転車）、ランの3種目を順番に行って、タイムを競う「トライアスロン」は、その過酷さから別名「鉄人レース」ともいわれています。パラリンピックのトライアスロン種目は、2016年のリオデジャネイロ大会から採用されました。

日本の土田和歌子選手は、パラトライアスロンのトップ選手です。膝から下が不自由な土田選手は、バイクでは手でこぐ「ハンドサイクル」、ランでは「レーサー」と呼ばれる陸上競技用の車いすを使用しています。

土田選手は1974年10月15日に東京都で生まれました。子どものころから負けずぎらいな性格。家族でトランプをすれば、勝つまで満足することがなかったといいます。

そんな土田選手を悲劇がおそったのは、高校2年生のときでした。友だちの運転する車で富士山へドライブに出かけると、高速道路で交通事故にあってしまったのです。車の外に放り出されて大けがを負った土田選手は、医師から「二度と歩くことはできません」と告げられます。

そのときは、大きなショックを受けた土田選手ですが、次の日には「悩んでもしょうがない」と、気持ちを切りかえていたといいます。生まれもった負けずぎらいな性格と、前向きな気持ちが、彼女自身を立ち直らせたのです。やがて土田選手は、ケガのリハビリをするなかで出会った陸上競技にのめりこみ、国内の大会で優勝するまでになります。

［トライアスロン］

土田和歌子選手

つちだ わかこ

トライアスロンとマラソンの二刀流でパラリンピックを目指す。

Wakako Tsuchida

1974年東京都出身。
1998年長野パラリンピックではアイススレッジスピードレースの選手として金銀あわせて4つのメダルを獲得。その後、車いす陸上競技に転向し、マラソンやトラック競技の国際大会で数多くのメダルを獲得。2017年からトライアスロンへ挑戦し続けている。

主な成績（2019年12月現在）

2013年　大分国際車いすマラソン女子　2位
（1時間38分07秒＝世界最高記録）
2016年　JALホノルルマラソン　1位
2017年　ASTCパラトライアスロンアジア選手権（フィリピン）　1位
ITU世界パラトライアスロンシリーズ（横浜）　1位
2018年　ITU世界パラトライアスロン選手権（オーストラリア）　2位
2019年　ITU世界パラトライアスロン選手権（スイス）　11位
ITUパラトライアスロンワールドカップ（東京）　1位

今は夏の競技で活躍する土田選手ですが、初めてパラリンピックの舞台に立ったのは冬の大会でした。19歳のときに挑戦した「アイススレッジスピードレース」で、1994年のリレハンメル大会に出場。1998年の長野大会では見事金メダルを獲得しました。

冬の大会で勝つと、今度は夏へ。土田選手は、障がいを負ってから出会った陸上競技に再チャレンジする道を選びます。2000年のシドニー大会では、トラック競技とマラソンの合計4種目に出場し、マラソンでは銅メダルを獲得しました。

けれども、土田選手の心は晴れませんでした。トラック種目で良い結果を残すことができなかったからです。負けずぎらいな土田選手の心に火がつきました。

2004年のアテネ大会。5000mに出場した土田選手は、レース中に転倒に巻きこまれそうになり、大きくおくれをとってしまいます。しかし、そこから猛然と前の選手を追いかけ、真っ先にゴールに飛びこみました。シドニーでの雪辱を果たし、つかみ取った念願の金メダルでした。当時を振り返って、土田選手はこう話します。

「何でも楽しみたい！」気持ちと、ワクワク、ドキドキすることがあって初めて成長できる。

2016年のリオデジャネイロパラリンピック。車いすマラソンで力走する土田選手。若い選手たちを引き連れて積極的なレースを展開する。冬と夏両方の大会での輝かしい実績から、海外にも「ワカコ・ツチダ」の名前はとどろいている。

「シドニーから4年間、しっかり準備をしてきました。レース中は何も考えずに夢中で走っていました」

日本人選手として初めて、夏冬両方のパラリンピックで金メダリストになった土田選手は、まだ金メダルを獲っていないマラソンへと、競技の軸足を移していきます。シドニーでは銅メダル、アテネでは銀メダル。これまで見上げ続けてきた表彰台の頂上を目指し、あくなき挑戦が続きました。

結果からいえば、その「夢」が果たされることはありませんでした。2008年の北京大会ではトラック競技で大きなクラッシュに巻きこまれて全治2か月の大けがを負い、マラソンに出場することなく、日本に帰らざるをえませんでした。2012年のロンドン大会でも、レース中に転倒し、5位。2016年のリオデジャネイロ大会では、4位の結果でした。

これまで多くの挫折を乗り越えてきた土田選手ですが、マラソンでのパラリンピック金メダルという目標を果たせなくても、後悔はしていないといいます。

「最後のリオで、自分の力をすべて出すことができました。だから、後悔はありません。でも、『勝てなかった』というくやしさは残っています……」

土田選手は、マラソンで活躍していたころから、新たな道を見つけていました。それが、「トライアスロン」でした。水陸両用のパワーが必要な「鉄人レース」で、東京パラリンピックを目指そうと考えたのです。

2017年から本格的にトライアスロンを始めた土田選手にとっては「まだまだ未知の世界」。自分の限界はまだ見えていないといいます。それでも、3つの競技をこなすトライアスロンの魅力にひきつけられ、いくつもの大会で優勝を重ねてきました。今は、トライアスロンとマラソンの「二刀流」で、パラリンピック出場を目指しています。

スポーツのなかでも特に大変な2つの競技に、なぜ挑戦し続けるのでしょうか？　そこには、「負けず

苦しいときに
自分の体と向き合える選手は、
年を重ねても強い。

真夏の暑い日、黙々とトライアスロンのトレーニングにはげむ土田選手。自分のことを「ポジティブ・モンスター」と呼ぶほど、常に前向きな気持ちで競技に取り組む。競技歴を重ねてもおとろえることのないその姿勢が、土田選手の原動力となっている。

ぎらい」と「前向きな気持ち」に加えて、土田選手のもう一つの強みがあります。それは「自分がどこまで行けるのか、見てみたい。やってみたい！」という「好奇心」です。土田選手が、いくつもの競技で世界トップクラスのアスリートになる上で、「好奇心」はなくてはならないものでした。

「私は、『何でも楽しみたい！』という気持ちが強いです。ワクワク、ドキドキすることがあって初めて、成長することができる。日々の練習は苦しいこともありますが、その先にある勝利のイメージが、私を奮い立たせてくれます。苦しいときに自分の体と向き合える選手は、年を重ねても強い。私もそんなアスリートを目指して、今はまだ道半ばだと思っています」

木村敬一選手は、2歳のときに視力を失い、「全盲」となりました。水泳を始めたのは、小学4年生のとき。当時から笑顔の絶えない明るい性格だった木村選手は、通い始めたスイミングスクールでも友だちと楽しそうに泳いでいたといいます。

そして、コーチが教えたことを理解するのが早くて、すぐに習得していった木村選手。パラ水泳界で期待されるようになるまでには、そう時間はかかりませんでした。中学2年生になると、日本代表の合宿に呼ばれるようになり、「パラリンピック」という世界最高峰の大会があることを知ったのです。しかし、木村選手自身は「自分がパラリンピックに出るなんて、とても無理だ」と思ったといいます。2004年アテネパラリンピックをひかえていた当時、合宿には日本パラ水泳界のトップスイマーたちが集結していました。その選手たちといっしょに泳ぎながら、木村選手はこう感じていました。

「パラリンピックに出る人たちというのは、こんなにも速く泳ぐのか……。まるで怪物じゃないか」

14歳の少年には、自分が同じ舞台に立つようになるとは、まったく想像できなかったのです。

[水泳]

木村敬一選手

きむら けいいち

となりのコースの選手が折り返したときのすれちがいざまのうねりに、世界との差を感じ衝撃を受けた。

Keiichi Kimura

1990年滋賀県栗東市出身。
主な成績（2019年12月現在）
2012年　ロンドンパラリンピック
100m平泳ぎ 銀メダル　100mバタフライ 銅メダル
2013年　IPC世界選手権（カナダ）　100m平泳ぎ1位
2014年　インチョン アジアパラ競技大会（韓国）
100m平泳ぎ 1位　100mバタフライ 1位
2015年　IPC世界選手権（イギリス）
100mバタフライ 1位　100m平泳ぎ 1位
2016年　リオデジャネイロパラリンピック
50m自由形 銀メダル　100m平泳ぎ 銅メダル
100mバタフライ 銀メダル　100m自由形 銅メダル
200m個人メドレー 4位
2019年　世界パラ水泳選手権大会（イギリス）
100mバタフライ 1位　200m個人メドレー 2位
100m平泳ぎ 3位

初めての国際大会「世界ユース選手権」では金をふくむ3つのメダル獲得で将来を嘱望(しょくぼう)された木村選手。しかし、その後は次々と「世界の壁」が立ちはだかった。それでも努力し続け、今では世界を代表するパラスイマーとして活躍している。

金メダリストとの差にこれ以上どうがんばればいいのかわからなくなった。

木村選手が初めて海外の国際大会に出場したのは、翌年の中学3年生のときでした。世界ユース選手権にチーム最年少で出場したのです。結果は予想以上のものでした。50m自由形では自己ベストを更新(こうしん)して金メダルに輝(かがや)きました。さらに100m自由形では銀メダル、100m平泳ぎでは銅メダルを獲得(かくとく)したのです。とはいえ、当時の木村選手には「世界を目指す」という意識はありませんでした。ただタイムが更新されていくことが楽しくてしかたなかったのです。

そんな木村選手が初めて「世界の壁(かべ)」を感じたのは、高校1年生のときでした。マレーシアで行われたフェスピック競技大会（現アジアパラ競技大会）、100m平泳ぎのレースでのことです。前半の50mを泳いでいると、向こう側から大きなうねりを感じました。それは逆方向に泳いでいくとなりのコースの選手とすれちがったことを意味していました。

「ぼくはまだ50mのターンまでに距離(きょり)があるというのに、となりの選手はすでに折り返してきていたんです。彼との差がどれだけ大きいかはすぐにわかりました。そんなことは初めてで、あのときの衝撃(しょうげき)は今もはっきりと覚えています」

結果は想像していたとおりでした。木村選手は銅メダルを獲得しましたが、金メダルに輝いたタイの選手とは約10秒もの差があったのです。木村選手は改めて世界のレベルの高さを痛感していました。

それからは、その選手のことばかり考えていたという木村選手。ようやく雪辱を果たしたのは、2年後のことでした。イギリスで行われたワールドカップで、その選手を上回ったのです。当日はご飯ものどを通らなかったほど緊張したという木村選手ですが、見事プレッシャーに打ち勝ち、壁を乗り越えたのです。

ところがその4か月後、17歳という日本選手団の最年少として初めて出場した北京パラリンピックでは、再び木村選手の前に「世界の壁」が立ちはだかりました。最も得意としていた100m平泳ぎでは5位入賞と大健闘だった木村選手ですが、金メダリストとの差が5秒あったことに大きなショックを受けたのです。

「最も練習時間を費やした種目だっただけに、これ以上どうがんばればいいのかわからなくなってしまいました」

これまで世界選手権など、数々の国際大会で優勝を飾ってきた木村選手。しかし、過去3度のパラリンピックでは金メダルを手にしていない。東京パラリンピックでは悲願を達成し、センターポールに日の丸をかかげるつもりだ。

タイムには満足していませんが、勝負強さがついてきたと手応えを感じる。

ようやく「世界で勝負できるかもしれない」と手応えを感じられるようになったのは、それから2年後の2010年、木村選手が大学2年生のときに出場した中国・広州で行われたアジアパラ競技大会でした。

当時、メインを自由形としていた木村選手は、50m自由形で自己ベスト（当時）を更新して金メダルに輝きました。これが木村選手に大きな自信をもたらしました。

さらに大学3年生からは所属していた日本大学水泳サークルの顧問の先生に師事し、本格的なウェイトトレーニングにもはげみました。その結果、体はみるみるうちに大きくなり、オリンピック選手にも決して見おとりしないほどの体を作り上げたのです。

そうして2012年、大学4年生のときにロンドンパラリンピックに出場した木村選手は、メインとしていた自由形こそメダルを逃したものの、100m平泳ぎと100mバタフライの2種目で銀メダルを獲得しました。

それ以降、世界選手権で金メダルに輝くなど、世界トップスイマーとしての地位を築いてきました。

しかし、いまだかなえられていないものがあります。パラリンピックでの金メダルです。

自身3度目のパラリンピックとなった2016年リオデジャネイロ大会では、出場した5種目のうち4種目でメダルを獲得する活躍を見せましたが、金メダルには届きませんでした。

悲願となったパラリンピックでの金メダル獲得のため、木村選手は2018年4月からはアメリカに練習拠点を移し、トレーニングにはげんできました。その成果を見せたのが、2019年9月にロンドンで行われた世界選手権。現在最も得意としている100mバタフライで金メダルに輝き、木村選手の東京パラリンピック出場が内定したのです。

「自己ベストを更新することができず、タイムとしては満足していませんが、それでもこうやって勝ち切れる勝負強さがついてきたのかなと手応えを感じています」

木村選手は4度目の「世界最高峰の舞台」となる東京パラリンピックで、悲願の金メダルを獲得しようと、日々、厳しい練習にはげんでいます。

「ぼくは一生、跳ぶことをやめません。なぜなら、跳ぶことはぼくが“生きる”ということそのものだからです」

世界で唯一無二の2mを跳ぶことができる義足のハイジャンパー鈴木徹選手は、跳躍への思いをそう語ります。いじめにあった子どものころも、事故で右足を切断したときも、鈴木選手は跳ぶことで救われてきたのです。

子どものころ、鈴木選手は「吃音症」でした。きっかけは5歳のとき。4つ下の妹が、近所の川に落ちてしまいおぼれかけたことがありました。鈴木選手はすぐに母親へ知らせに行きましたが、ショックのあまり言葉が出てきませんでした。それがトラウマとなり、吃音症となってしまったのです。

小学生のときには、何かを話そうとすると吃音の症状が出る鈴木選手を、友たちはおもしろおかしく真似をして笑いました。それがいやで、鈴木選手はどんどん口数が少なくなっていきました。

しかし、そんな鈴木選手が唯一、自分らしくいきいきと過ごせた時間がありました。それは体育の授業のときでした。

「体育で活躍することで、みんなに認めてもらえる気がして、うれしかったですね。体育がなければ、毎日学校に行くことはできなかったと思います」

[陸上競技]

鈴木 徹選手

すずき とおる

ぼくは一生、跳ぶことをやめない。なぜなら、跳ぶことはぼくが“生きる”ということそのものだから。

Toru Suzuki

1980年山梨県山梨市出身。
走り高跳びT44クラス日本記録・アジア記録（2m02cm）。
主な成績（2019年12月現在）

2000年	シドニーパラリンピック　6位
2004年	アテネパラリンピック　6位
2008年	北京パラリンピック　5位
2012年	ロンドンパラリンピック　4位
2014年	インチョン アジアパラ競技大会（韓国）　4位
2016年	IPC陸上競技グランプリ（リオデジャネイロ）　金メダル
	リオデジャネイロパラリンピック　4位
2017年	世界パラ陸上競技選手権大会（ロンドン）　銅メダル
2019年	世界パラ陸上競技選手権大会（UAE）　銅メダル

なかでも“跳ぶ”ことに関してはだれにも負けない自信があった鈴木選手は、小学生のときにはバスケットボール、中学校と高校ではハンドボールで活躍しました。高校時代には国民体育大会で全国3位になるなど、ハンドボール界で将来を嘱望された存在でした。

ところが、高校の卒業式を1週間後にひかえたある日、交通事故にあい、右足の切断を余儀なくされました。それでも、鈴木選手の“跳ぶ”ことへの情熱はまったく変わりませんでした。すぐにハンドボールへの復帰を目指して、スポーツができる義足を探し始めたのです。

そのとき、病院の医師から紹介されて出会ったのが、日本の競技用義足製作の第一人者、義肢装具士の臼井二美男さんでした。初めて会った日、ハンドボールできたえあげられた鈴木選手の体をひと目見て、アスリートとしての可能性を感じた臼井さんは、走り高跳びをすすめました。これが、日本初の“義足ハイジャンパー”誕生のきっかけとなりました。

義足の2mジャンパーとしてのプライドを示すことがぼくの役割でもあり使命だ。

走り高跳びは、ひとつの高さに3回まで挑戦でき、成功すれば次の高さに進む。跳び方は、鈴木選手のような「背面跳び」が主流だ。

鈴木選手はすぐに頭角を現し、世界の舞台で活躍し始めます。2000年シドニー大会を皮切りに、2016年リオデジャネイロ大会まで5大会連続でパラリンピックに出場してきました。最高成績は、12年ロンドン、16年リオでの4位入賞。いずれも表彰台まであと一歩のところで涙をのみました。

特にくやしい思いをしたのは、16年リオパラリンピックです。前年、9年ぶりに2mの大台を突破した鈴木選手は、リオの年には2m02cmの自己新記録を樹立。世界ランキングも3位と、メダル獲得に期待が高まっていました。

しかし、リオでは1m95cmにとどまり、4位に終わりました。あまりのショックに、帰国後もしばらくは立ち直ることができなかったといいます。それでも鈴木選手は跳ぶことをやめませんでした。再び挑戦し始めた鈴木選手は、リオの翌年、2017年の世界選手権で自分自身が「完璧だった」といえるほどの美しい大ジャンプを見せました。記録は2m01cm。リオでの雪辱を果たし、見事銅メダルを獲得したのです。

2019年11月、東京パラリンピックの切符獲得を目指して、鈴木選手は世界選手権に出場しました。まだ本調子とはいえず、2mにはおよびませんでしたが、1m92cmで銅メダルを獲得。4位以内に与えられる東京パラリンピックの出場が内定しました。これで6度目のパラリンピック。まさにパラ陸上界の“レジェンド”です。

もちろん、東京パラリンピックで目指すのは初の表彰台です。そしてもう一つ、鈴木選手には“使命”だと思っているものがあります。

「まだかなえることができていないパラリンピックでのメダル獲得は、東京パラリンピックで実現させたい大きな目標です。でも、単にメダルを取れればいいかといえば、そうではありません。2mジャンプを成功させたうえでのメダル獲得でなければ意味がないと思っています」

なぜなら、鈴木選手は世界でただ一人、2mを跳ぶことのできる義足ハイジャンパーだからです。

「義足でもこれだけのジャンプをすることができるんだということを世界の舞台で示したいんです。そ

ふみ切った瞬間、地面からの反発力で、重力に逆らい体が上空へ突き上げられていく感覚がたまらなく快感。

陸上競技用の義足はカーボン製で、「チーター義足」とも呼ばれている。地上で最速の動物チーターの足の形を参考に作られたという。

れができるのは今、世界でぼくしかいません。だから、義足の2mジャンパーとしてのプライドを示すことがぼくの役割でもあり使命だと思っています」

鈴木選手のジャンプには、人を魅了する力があります。一歩一歩、軽快なリズムに乗った助走から、そのまま流れるようにしてふみ切りに入り、鈴木選手の体がふわっと宙に浮きます。するとその瞬間、ときが止まるような感覚になるのです。そして気づくと、美しい放物線を描くようにして、鈴木選手の体はバーの上を越えていきます。

鈴木選手本人はというと、ふみ切った瞬間、地面から反発力を受けて、重力に逆らいながら体が上空へ突き上げられていく感覚がたまらなく快感なのだそうです。

そんな観ている者を魅了し、自分自身も「最高」と思えるような大ジャンプを、鈴木選手は東京パラリンピックの舞台で披露するつもりです。

GOLDWIN
Rio2016
Bradesco
212
T. HIROSE JPN

脳性まひのために、生まれつき両手両足に障がいを抱えている廣瀬隆喜選手。幼少時代は引っこみ思案で人見知りが激しかったといいます。ただ、もともと体を動かすことが好きな子どもで、一般の学校に通っていた小学生のときにも、運動会などには参加していました。しかし、自分だけハンデをもらうなかでは、なかなか積極的にスポーツに取り組むことができませんでした。

転機となったのは、中学から特別支援学校に通い始めたことでした。廣瀬選手はそこでさまざまなスポーツがあることを知り、魅了されていきました。中学生のときにはビームライフル、高校生のときには陸上競技に熱中していました。

ボッチャに本格的に取り組み始めたのは、高校3年生の夏のことでした。そのころ、廣瀬選手はじょじょに筋肉が硬直し、体の動きをうまくコントロールできない症状が進み、陸上でのタイムが伸びなくなってきていました。そんなとき、高校の先生がボッチャをすすめてくれたのです。そのとき、廣瀬選手はこう思いました。

「一生に一度でいい。世界最高峰のパラリンピックに出場してみたい」

ボッチャ人生は、そんな気持ちからスタートしたのです。

[ボッチャ]

廣瀬隆喜選手

ひろせ たかゆき

世界最高峰のパラリンピックに出場したい。ボッチャ人生は、そんな気持ちからスタートした。

Takayuki Hirose

1984年千葉県君津市出身。
日本ボッチャ選手権大会優勝8回。
主な成績（2019年12月現在）

2008年　北京パラリンピック　個人戦17位　混合団体BC1-2 10位
2009年　第3回アジア・南太平洋ボッチャ選手権大会　個人戦1位
2012年　ロンドンパラリンピック　混合団体BC1-2 7位
2015年　ボッチャ・ワールドオープン（ポーランド）　個人戦3位
　　　　混合団体BC1-2 1位
　　　　ボッチャ・ワールドオープン（韓国）　個人戦2位
2016年　リオデジャネイロパラリンピック
　　　　個人戦7位　混合団体BC1-2 銀メダル
2017年　ボッチャ・ワールドオープン（タイ）
　　　　個人戦7位　混合団体BC-1-2 1位
2018年　世界選手権　混合団体 BC1-2 2位

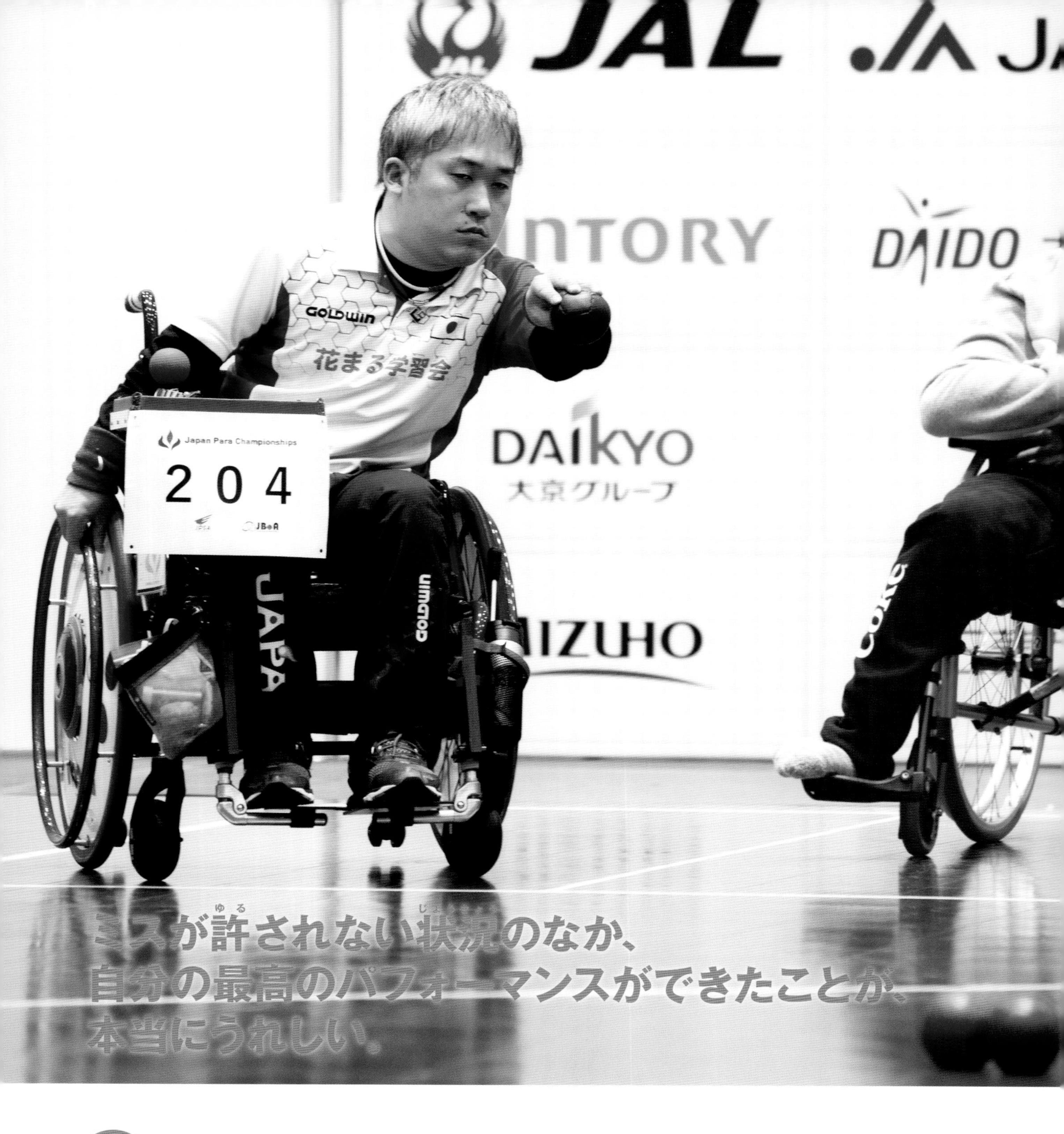

ミスが許されない状況のなか、自分の最高のパフォーマンスができたことが、本当にうれしい。

すると、廣瀬選手の才能はすぐに開花しました。その年の日本選手権で、初出場ながら個人戦で3位となり、表彰台に上がったのです。4年目の2006年には日本チャンピオンの座についた廣瀬選手は、ついに2008年、北京パラリンピックに出場。目標としていた「世界最高峰の舞台」に上がったのです。しかも24歳の最年少でチームの主将をつとめました。しかし、個人戦では17位、団体戦では10位とくやしい結果に終わりました。

北京に続いて、2012年ロンドン、2016年リオデジャネイロと、これまで3度のパラリンピックを経験してきた廣瀬選手。今では、目標はパラリンピック「出場」ではなく、「金メダル」へと変わっています。

何度もくやしい思いを重ねてきた廣瀬選手ですが、3度目のパラリンピックとなったリオデジャネイロ大会では、今でも忘れることのできない「会心の一投」がありました。団体戦・準々決勝の中国戦

３度目のパラリンピックとなったリオ大会では、団体戦で銀メダルを獲得し、国内でも「ボッチャ」という競技名が広く知れわたるきっかけとなった。その最大の原動力となったのが、準々決勝の中国戦、廣瀬選手の“会心の一投”だった。

での最後の一投です。

両チームともに一歩もゆずらない白熱した“日中戦”は、最終の第6エンドを終えて5－5と決着がつかず、延長戦に突入しました。残り１投ずつを残して、コート上のボールの状況は中国側が有利でした。

そして、日本の最後の一投をになったのが廣瀬選手でした。集中して投げられたボールは、ねらいどおりに味方のボールをはじいてジャックボールにピタリと近づけたのです。その瞬間、廣瀬選手は雄たけびをあげました。その声に翻弄されたのか、中国の最後の一投は、ジャックボールの手前で止まってしまったのです。日本の勝利が決まり、準決勝に進出。それはパラリンピックで日本が初めてメダル争いに加わることになった“歴史的瞬間”でした。そして、その瞬間に導いたのが、廣瀬選手の気迫のこもった一投だったのです。

たくさんの人に喜んでもらえることができる。メダルを取ることの本当の意味を知った。

廣瀬選手は、このときの勝利の意味をこう語っています。

「ここで負ければ、4年前のロンドンと同じ“入賞”止まりでした。でも、勝つことができたからこそ、メダル争いに加わることができた。絶対にミスが許されない状況のなか、自分の最高のパフォーマンスができたことが、本当にうれしく、日本にとっても大きな勝利だったと思います」

その余勢をかって、日本は準決勝でポルトガルを破りました。そして、日本ボッチャ界では史上初めての決勝進出という快挙を成しとげたのです。

決勝の相手は、4年前のロンドン大会に続いて、2連覇をねらうタイ。世界最強国といってもいいほどの強い相手でした。日本は善戦しましたが、惜しくも敗れ、金メダルには届きませんでした。それでも日本史上初の銀メダル獲得という快挙を達成したことに変わりはなく、廣瀬選手たちは新たな歴史の1ページをきざんだのです。

ただ、リオまでの4年間、タイに勝つことを目標にかかげて練習に取り組んできただけに、やはりく

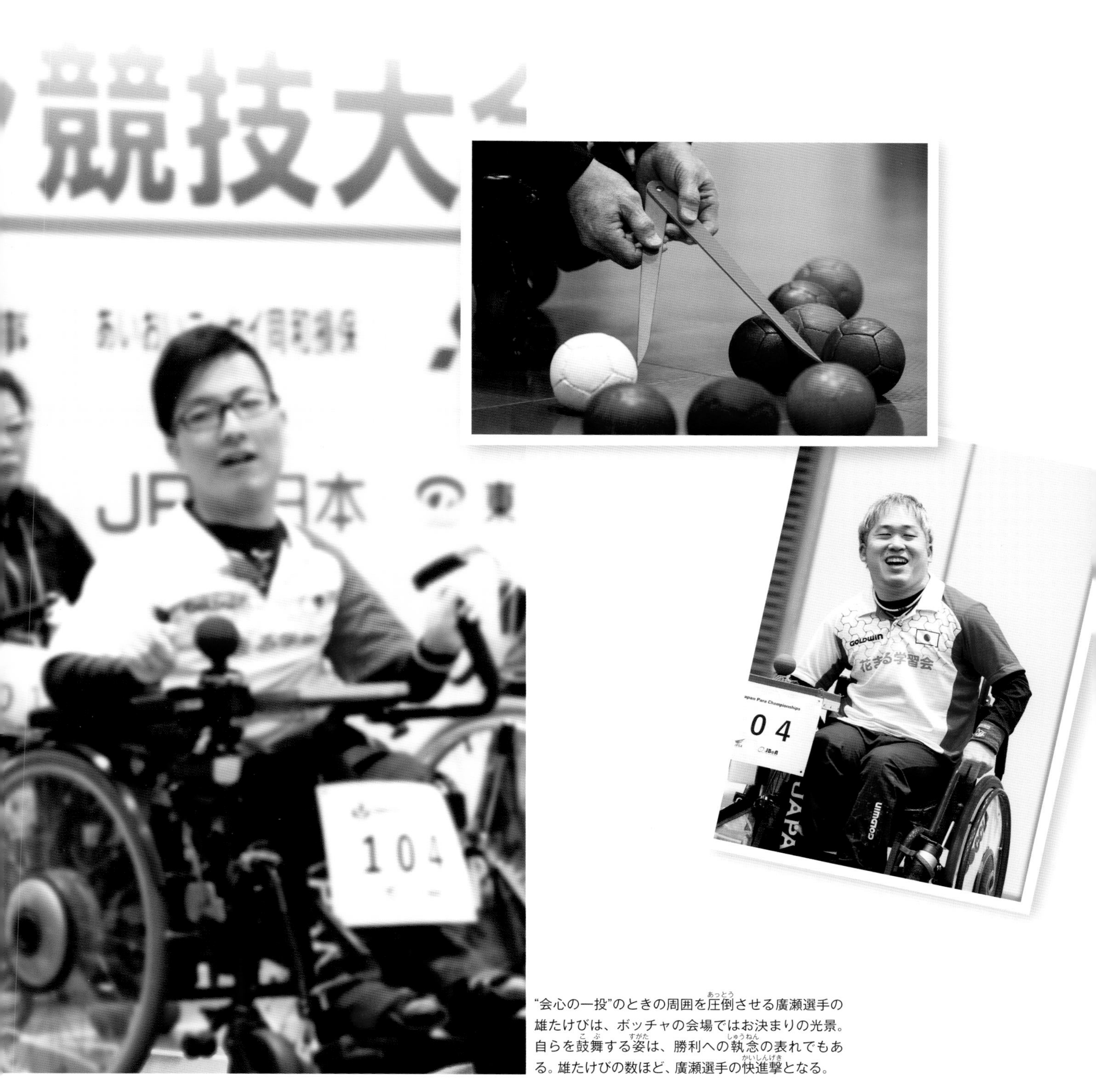

“会心の一投”のときの周囲を圧倒させる廣瀬選手の雄たけびは、ボッチャの会場ではお決まりの光景。自らを鼓舞する姿は、勝利への執念の表れでもある。雄たけびの数ほど、廣瀬選手の快進撃となる。

やしさの方が大きかったと廣瀬選手はいいます。

「タイを倒さない限り、金メダルを取ることはできないことはわかっていました。だからこそ、ずっとタイに勝つことだけを考えてきたんです。それなのに敗れてしまって本当にくやしかったです」

しかし、帰国すると、成田空港には大勢の人たちが廣瀬選手たちを出迎えてくれました。自分たちに群がるようにして言葉をかけてくれる方々がいるその光景に、廣瀬選手は鳥肌が立ったといいます。

「こんなにもたくさんの人に喜んでもらえることができるんだ……」

パラリンピックでメダルを取ることの本当の意味を知ったような気がしたのです。

あれから3年、廣瀬選手はさらに高みを目指し、練習にはげんできました。2019年12月の日本選手権では通算8度目の優勝を果たし、東京パラリンピック出場が内定した廣瀬選手。4年前の雪辱を果たし、今度こそは決勝の舞台で歓喜の雄たけびをあげてくれることでしょう。

あとがき

パラリンピックには、160ヶ国を超える世界中から、数多くの選手が集まります。なかでも車いすバスケ選手のニロファとの出会いは、衝撃的でした。

2018年にインドネシアのジャカルタで開催された、アジアパラ大会の女子車いすバスケットボール5位決定戦。試合前のアフガニスタンチームにカメラを向けると、選手たちがピースサインで応えてくれました。そのなかでも飛びぬけて明るい笑顔だったのが、チームキャプテンのニロファでした。予想外の反応に私は驚きました。18年前、アフガニスタンの首都カブールで、車いすバスケットボールの練習場所を取材に行ったときの、がれきの街並みと、焼け焦げた戦車を子どもたちが遊び場としていた印象が深く心に残っていたからです。

ニロファが生まれた1993年、そのころのアフガニスタンは内戦状態で、首都カブールの自宅の庭に突然、爆弾が落ちてきたのは彼女が2歳のときでした。兄は亡くなり、ニロファは一命をとりとめましたが、脊髄を損傷して車いす生活になりました。「車いすの生活に恥じらいを感じ、表に出ないように目立たないように生きてきましたが、19歳で車いすバスケットボールを始めてから、見える世界が一変しました。自分にもできることをたくさん発見できて、自信を持てるようになりました」。

スポーツとの出会いは、ときに人の人生を良い方向へと変えうるものです

が、一方では、国によって競技参加への道すら開かれないこともあります。

「私の兄弟は、私が国際舞台に立つのに反対でした。よその男性に知られたり、見られたりするのが心配なのです」「アフガニスタンでは家族の女性を表に出すのをいやがる慣習があり、チームメンバーのなかにも反対する家族が少なくないのです」。

日本では考えられませんが、アフガニスタンでは、女性が一人で歩くことや一人暮らしをすることは禁じられているといいます。ニロファが兄の反対を押し切って、胸を張って活動できるのは、ニロファの唯一の理解者であり、心の支えになっているお父さんの存在があるからです。お父さんは「自分が信じた道を進みなさい」「男女は同じ権利を持っているのです。何も気にせずバスケにはげみなさい」と彼女の背中を押してくれたといいます。

「アフガニスタンに住む人たちが誇りに思うチームにすることが目標」というニロファ。スポーツによって世界とつながり、自信と誇りを持って、世界の舞台で戦う彼女のプレースタイルと明るい表情とピースサイン。そのすべてに平和を願うメッセージがこめられていると感じました。

越智貴雄

越智 貴雄 ● おち たかお

1979年大阪府生まれ。大阪芸術大学写真学科卒業。
2000年からパラスポーツの取材に携わり、競技者としての生きざまにフォーカスする視点で撮影・執筆を続けている。他にも、義足のファッションショーや写真展、トークショー等の開催や、ラジオやテレビ出演など多方面にわたって活動している。写真集『切断ヴィーナス』『あそどっぐの寝た集』(共に白順社)。一般社団法人カンパラプレス代表理事。

執筆協力 ―――――――― 上垣喜寛(うえがき・よしひろ)―― P4 ~ 9、P28 ~ 45
1983年生まれ。フリー編集記者・映像製作者。サラリーマンを経て2008年からフリーとして国内外で地方と政治の取材を重ね、2018年平昌パラリンピックでスポーツを初取材。共著に『震災以降』(三一書房)『ルポ 一緒に生きてく地域をつくる。』(影書房)などがある。

斎藤寿子(さいとう・ひさこ)―― P10 ~ 21
新潟県生まれ。大学卒業後、2006年よりスポーツ専門ウェブサイトのライターとなる。2011年からパラリンピック競技の取材を開始。パラリンピックは2012年ロンドン、16年リオデジャネイロ、18年平昌の3大会を取材。2015年からはフリーランスのスポーツライターとして活動している。

吉田直人(よしだ・なおと)―― P22 ~ 27
1989年千葉県生まれ。広告会社勤務を経て、フリーライターとして活動中。スポーツ、社会問題を中心に、国内外で障がい者スポーツの取材を継続的に行っている。共著に『WHO I AM パラリンピアンたちの肖像』(集英社)がある。

撮影取材協力 ―――――― SPORTRAIT

協力 ―――――――― 公益財団法人 日本障がい者スポーツ協会
赤十字国際委員会

パラアスリートたちの挑戦⑤
信じる気持ちが世界を変えていく

2020年3月19日　第1刷発行

写真・文 ―――――― 越智貴雄

ブックデザイン ―――― 須藤康子
DTP ―――――――― 由比(島津デザイン事務所)

発行所 ――――――― 株式会社　童心社
〒112-0011　東京都文京区千石4-6-6
電話　03-5976-4181(代表) 03-5976-4402(編集)

印刷・製本 ―――――― 図書印刷株式会社

ISBN978-4-494-01861-1　NDC780 30.3×21.6cm　47P